# TURKIE ET RUSSIE.

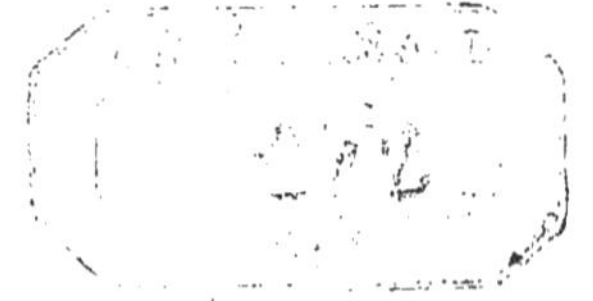

# TURKIE ET RUSSIE

EN RÉPONSE

## A LA LETTRE D'UN ANONYME,

PAR

**J. A. VAILLANT,**

FONDATEUR DU COLLÉGE INTERNE DE BUCHAREST.

PARIS,

IMPRIMERIE DE A. GUYOT ET SCRIBE,

RUE NEUVE-DES-MATHURINS, 18.

1854

# A SA MAJESTÉ LE SULTAN

# ABDUL-MEDJID-KHAN

**EMPEREUR DE TURKIE.**

SIRE,

Quand le Tczar, à l'abri sous l'anonyme d'un diplomate, abuse l'Europe, fausse l'opinion et pervertit le sens moral du droit en faisant la nuit sur son gouvernement et le jour sur celui de Votre Majesté; si Votre Majesté, jugeant indigne d'elle d'user de représailles, préfère ne répondre à de tels procédés que par le silence; comme ce silence, dont le sens est méconnu, devient pour certaines gens une arme d'agression contre la foi, les mœurs et l'existence des Osmanlis, intéressé depuis longtemps dans la question, je me fais un devoir de justice de renvoyer spontanément à cet anonyme pour le tczar, son cabinet, sa noblesse, ses serfs et la Moscovie, les expressions scythiques dont il s'est plu à gratifier en français Votre Majesté, la Porte impériale, les pachas, les Osmanlis et la Turkie; et si je prends sur moi de publier cette réponse, aussi impartiale et vraie que la lettre de cet anonyme est astucieuse et déloyale, c'est que, pour entrer dans les vues de progrès de Votre Majesté, dont les actes n'ont point à redouter la lumière, je tiens à laisser à l'opinion publique le droit de juger qui des deux à tort ou raison, de l'indigent vaniteux faisant l'aumône du clinquant de ses oripeaux à plus sainement vêtu que lui, ou du riche indigné rendant à cet indigent les haillons dont il voulait humilier sa modestie.

Plein de confiance dans la morale publique, dans le bon sens de l'Angleterre et de la France, dans l'union de leurs gouvernements, j'ose garantir à Votre Majesté que si sa modération et sa droiture ont été insuffisantes à ramener le tczar, sinon à de meilleurs sentiments, du moins à des procédés plus courtois, leurs armes, plus puissantes que leurs paroles, sauront bientôt les lui imposer en devoir et l'obliger à l'avenir à moins de hauteur et de violence.

Dans cette assurance

J'ai l'honneur d'être,

SIRE,

de Votre Majesté,

le très-humble serviteur,

J. A. VAILLANT.

Paris, 1er décembre 1853.

# AVANT-PROPOS.

S'il était un être assez malheureux pour se laisser séduire par le langage fallacieux de la diplomatie russe, et si on lui disait :

Depuis cent cinquante ans, le gouvernement d'un ramassis de peuplades scythiques et sarmates tenait à honneur de compter parmi les nations policées de l'Europe. Quoique divisées en maîtres possédant hommes, en esclaves devenus choses, en nobles sceptiques ne croyant qu'à la force, en serfs fanatiques croyant à tout, au tczar plus qu'à Dieu et aux seigneurs comme aux diables, comme elles se confondaient dans une même foi brute à la religion du tczarianisme, entée sur le lamanisme du Thibet et le christianisme de Bysance. et que d'ailleurs le gouvernement qui les avait reliés par la violence de ses soldats, la ruse de ses prêtres et l'ignorance de sa populace, semblait avoir abjuré l'esprit barbare pour ne travailler qu'à les rendre moralement dignes d'être considérées comme un peuple policé, elles furent acceptées avec leur gouvernement dans la grande famille des peuples de l'Europe, d'abord par les philosophes dont le tczar fait aujourd'hui des démagogues, puis par les rois que courtisent aujourd'hui les parvenus du tczar.

Oui, c'est aux grands applaudissements des philosophes du dernier siècle, qui n'avaient plus rien de catholique qu'une haine traditionnelle contre les musulmans qu'ils ne connaissaient que de ouï-dire, c'est aux encouragements des encyclopédistes que le gouvernement de ce ramassis de *Varègues* ou de *Vandales* doit la puissance morale dont, depuis quatre-vingts ans, il se fait une auréole de ruse et de séductions envers et contre tous.

Et voilà qu'aujourd'hui, après avoir enlevé, par ruse ou par violence, la Pologne aux Polonais, la Crimée aux Tartares, la Bessarabie aux Osmanlis, les provinces de la Baltique à l'Allemagne, la Finlande à la Suède; voilà, dis-je, que, secouant toute pudeur, au lieu de se trouver satisfait et de s'appliquer à faire marcher ses peuples à la civilisation par la voie du progrès sous la bannière de la tolérance; il les pousse en pleine paix à la conquête de Constantinople, afin d'accomplir le plan de domination universelle, dont Pierre I$^{er}$ a fait son testament; voilà que, pour justifier ses desseins ambitieux sur l'Empire ottoman, il veut faire reculer l'Europe de huit siècles en la ramenant aux croisades dont, grâce à Dieu, la civilisation n'a plus que faire; voilà que, blessé de ne plus entendre l'Europe applaudir à ses veilléités de conquêtes, et plus blessé encore de la voir, au contraire, considérer les

Osmanlis, non plus comme campés, mais comme fixés en Europe et leur prêter la main; voilà, dis-je, que, par un appel hypocrite à cette patrie des arts, des sciences et de l'industrie, il s'efforce de l'effrayer d'une guerre dont il sait d'avance que le résultat ne peut être funeste qu'à lui seul.

Désintéressé dans la question, comme nous l'avons supposé, celui à qui l'on dirait de pareilles choses refuserait absolument d'y croire.

Et pourtant, voilà dans quel but, prenant l'Europe pour une vieille imbécille en se donnant pour un propre à tout, le gouvernement russe essaie aujourd'hui de continuer d'abuser l'opinion, et, après l'avoir prise par tous les bouts, par le sentiment des arts qu'elle aime, et par celui de la paix dont elle a besoin, de l'effrayer d'un orage d'où la foudre ne doit jaillir que pour le frapper lui-même.

Disons toute notre pensée, le temps est passé des réticences. Sont en présence en Orient deux antagonistes : les Russes et les Turks, dit-on; je dis, moi, les Moscovites et les Osmanlis, de faux chrétiens et de vrais mueulmans; ici, un ramassis de peuplades, aussi ignorantes que serviles, plus souples au knout qu'au progrès, et dont la noblesse de titres n'a d'européen que les formes; là, un peuple flegmatique, mais profondément pénétré du sentiment d'égalité, peu entendu aux réformes, mais assez moral pour s'y prêter de tout cœur dès qu'il en conçoit la justice. Les uns abusant de leur force numérique pour opprimer; les autres résistant à l'oppression sans considérer le nombre; entre de pareils antagonistes, la morale n'ayant pas à considérer lesquels sont chrétiens et lesquels sont musulmans, mais de quel côté est la justice, la modération, la loyauté, la dignité, le droit, l'Europe ne peut être embarrassée dans le choix de celui auquel elle doit l'appui de son estime. Dieu lui crie trop haut par toutes ses voix de soutenir la modestie contre l'arrogance, la noblesse contre la barbarie, la raison du droit contre la raison de la force, et de châtier le coupable comme il le mérite.

En vain la Russie dira-t-elle sur tous les tons qu'elle ne poursuit dans ce débat qu'un intérêt religieux. Ce langage pouvait passer au temps des philosophes courtisans et des courtisans philosophes, autemps de Voltaire, de d'Alembert et de Diderot, Catherine les avait trop flattés pour ne les avoir pas séduits; mais aujourd'hui qu'avec moins de talent peut-être, les philosophes se respectent trop pour ne pas s'estimer au moins les égaux des rois, aujourd'hui qu'ils éclairent la boutique et que les comptoirs d'Angleterre et de France brillent de plus de lumières que les palais de Moscovie; les philosophes et la boutique se rient également et des grimaces religieuses du tczar et de ses récriminations contre la démagogie des philosophes et de son mépris railleur pour le comptoir des industriels, car ils savent fort bien que dans la bouche d'un Moscovite, ces deux mots : religion et bénéfice, ne signifient pas autre chose que servitude et concussion.

Ce qu'il y a de plus triste dans ce langage moscovite, c'est qu'il fait dégénérer la diplomatie en rouerie, et que ceux qui le tiennent n'en sentent pas même l'immoralité. Mais malheur aux sociétés qui se complaisent ainsi dans le mensonge ! car, une fois la vérité faite, ces sociétés s'écroulent sur la mauvaise foi dont elles se sont fait un dogme politique et religieux. C'est pourquoi la dissolution menace de si près l'agglomération de toutes les Russies, que non-seulement le tczar n'y voit rien, mais qu'il regarde comme un zèle religieux ce que la vérité lui déclare être une ambition politique. Cet aveuglement afflige naturellement les philosophes démagogues, qui auraient préféré le voir s'intéresser à l'amélioration morale, intellectuelle et physique de ses serfs, plutôt que de l'entendre revendiquer avec menace un droit de protection en faveur de gens dont votre majesté est à la fois le souverain et le suzerain, le père et le tuteur naturel et légitime.

Mais non, au lieu de tenir parole, en resserrant autour de lui la famille de ses serfs, malgré sa loyauté, sa majesté, sa toute-puissance, le tczar ne laisse pas échapper une occasion de l'éluder, de la fausser, de la jeter au vent. Comme le loup, avant de s'élancer sur l'agneau, il se plaint à celui qu'il veut dévorer d'en être la victime, et, s'il n'en croit rien, du moins feint-il de le croire; car c'est le châtiment de la démoralisation d'un esprit surexcité par l'excès de la puissance de tomber dans l'anarchie de la morale, de prendre le faux pour le vrai, l'ambition pour le désintéressement, la honte pour la gloire.

Pourtant, ô sultan, demandez-leur, aux hommes de cette foi, pourquoi ils n'ont pas pris Constantinople en 1829, quand l'Europe, la France surtout, légitimiste alors, applaudissait à leur guerre et que personne ne songeait à leur inspirer de la modération? Ils vous diront parce que nous ne l'avons pas voulu; mais je leur réponds pour vous, parce que de Shumla à Constantinople il y a toute la distance de Turin à Lyon, et comme entre ces deux villes des Alpes, appelées Balkans, que vous n'aviez franchies que sur le dos des Bulgares, et où les Turks, au retour, pouvaient vous tomber sur le dos. C'est que vous en aviez assez d'avoir perdu cent mille hommes de plus que vos vaincus ; c'est que vous saviez, comme le Macédonien, que vos succès étaient moins dus à la puissance de vos armes qu'à la valeur de votre or et que votre or était épuisé.

Si vous leur demandez encore pourquoi, en 1848, quand de tous les rois du continent il n'était plus debout que le tczar, ne vous en êtes-vous pas emparé ? Cette fois, réponds-leur pour moi, ô sultan ! c'est que vous croyiez à la réalité de la république et que vous en aviez peur ; c'est qu'en effet vous aviez trop à craindre d'être attaqués pour oser attaquer vous-mêmes ; et la preuve, c'est qu'il a fallu les fatales journées de juin pour vous permettre, trois mois après, d'entrer dans les Principautés sans péril, à la faveur de la réaction dont votre tczar s'était fait la tête.

Les voilà donc ces hommes qui se flattent d'avoir sauvé l'Europe de l'invasion de l'islamisme. Où donc ? à Nicopolis ? Mais Mahomet n'a vu aucun d'eux parmi les Hongrois, les Polonais, les Français et les Roumains. A Varna ? Mais Amurath n'y a distingué que Jean Huniade. Au siége de Vienne ? Mais Soliman n'y a connu que Sobiesky. Quand donc, enfin ? Sans doute alors que, semblables aux farouches Normands, descendus de Moscou et de Kieff, Moscovites et Keiffites allaient porter le massacre jusqu'aux rivages du Bosphore et retournaient chez eux chargés de butin et païens comme devant. Aussi, leur dis-je ; au lieu d'élever de si hautes prétentions à la reconnaissance de l'Europe, qui ne vous doit rien, mais à qui vous devez tout, voyez plutôt, hommes de foi brute, d'où vient la sollicitude que témoigne aujourd'hui l'Europe à ses ennemis d'autrefois, et d'où vient qu'aujourd'hui elle leur accorde autant d'estime qu'elle vous en accordait naguère à vous-mêmes! C'est que, s'ils ont conquis et tué leurs ennemis en armes, ils ont laissé, avec la vie, à ceux qui les ont mises bas, tout ce que vous ravissez à ceux que vous avez subjugés, la langue, les mœurs, la religion. C'est qu'en cela, aussi fidèles au Coran que vous êtes infidèles à l'Evangile, ils ont fait de l'esprit du Coran la lettre du Christianisme, tandis que de l'esprit de l'Evangile vous ne faites pas même la lettre du Coran. Ne feignez donc pas de croire que l'Europe ne protége les Osmanlis que parce que vous êtes forts et qu'ils sont faibles, autrement dit parce qu'on vous redoute et qu'on ne les craint pas. Désabusez-vous; si l'Europe les soutient, c'est qu'elle aime avant tout leurs progrès autant que vous voulez leur anéantissement.

Le prétexte que le tczar invoque de la nécessité de protéger des coréligionnaires qui ne sont pas ses sujets est en vérité une charmante invention de se substituer au lieu et place de Votre Majesté, leur protecteur légitime.

D'abord, si ce n'est pas toucher à l'ordre actuel des choses de la politique que d'exiger de la Porte des garanties de liberté de conscience, c'est assurément que des choses politiques aux choses civiles les rapports ne sont plus analogues, et que d'État à État il est entre ces rapports une autre différence que celle de personne à personne. Puisse le tczar faire part à l'Europe de l'invention de cette différence, afin que la philosophie sociale soit en état de lui en tenir compte un jour et de lui en décerner le brevet. En second lieu, sied-il au tczar de railler sur la disproportion des éléments qui concourent à l'équilibre européen? Il est vrai que les miettes du sol allemand et que celles du sol italien sont mal agglomérées, mais elles sont respectivement de même nature, et peuvent s'allier, se fondre et composer bientôt chacune une unité à part. Il est vrai aussi que la Belgique et la Suisse ne sont, ni par l'étendue, ni par la population, en rapport avec l'Allemagne, l'Autriche et la France; mais leur indépendance n'en est ni moins respectable ni moins respectée; et c'est là précisément ce qui devrait être une leçon pour le tczar, qui, pour vouloir dominer sur les peuples comme le lion sur les gazelles, risque fort de tomber au souffle de la justice de Dieu. C'est précisément ce qui le menace; car, par ses efforts réitérés à vouloir briser cet équilibre européen, il a révélé que son côté faible à lui-même n'est réellement qu'un défaut d'équilibre où le frappera mortellement l'opinion publique de l'Europe quand, au lieu de rêver à des utopies pan-greco-slaves, les penseurs auront reconnu ce défaut à chacune des pièces qui font de son manteau impérial une mantille d'arlequin.

Je ne ferai pas perdre à Votre Majesté son temps trop précieux en discutant devant elle avec les diplomates du tczar, en qui l'esprit de rouerie, un parti-pris de conquête et la routine des allures despotiques empêchent de germer toute idée de saine morale, toute notion de droiture, tout sentiment de bienveillance et de sincérité; car chez eux l'hostilité contre les révolutions des peuples les plus hauts de cœur et d'intelligence a pour principe le sentiment honteux, servile, inconcevable de parvenus qui veulent des esclaves, d'esclaves qui veulent des maîtres, la bassesse; car, cette difformité du cœur ne se guérissant pas par le raisonnement, je n'ai pas la prétention de convaincre les malheureux qui, comme eux, en sont atteints; que si, cependant, il en est parmi eux de bonne foi, je leur dirai de votre part : défiez vous du langage fallacieux de vos hommes d'État, car ils ne s'instruisent du monde que pour vous mieux abuser, et ils ne vous parlent ainsi des choses et des hommes de l'Orient que pour vous faire peur des unes et vous pousser à haïr les autres. Cependant, sachez-le, il n'y a d'infidèles en Turkie que ceux qui le sont au Coran ou à l'Évangile; aussi sont-ce moins les Cosaques que redoute l'Europe que les Moscovites russo-français ou franco-russes, dont le ton impérieux, les allures soldatesques, les mœurs bysantines menacent d'invasion la morale publique; ce sont ces Moscovites francisés, ce sont ces Allemands russifiés, qui, pleins de tous les vices, vides de toutes les vertus de l'Orient et de l'Occident, se proclament les Français du Nord, quand ils n'en sont que les Bysantins. Les Osmanlis honnêtes ne méprisent pas vos croyances, mais ils vous dédaignent et vous plaignent; ils estiment vos honnêtes gens, mais ils abominent vos mœurs en ce qu'elles ont de déréglé et de vicieux; ils vous rendent ainsi avec mesure ce que, trop fanatiques, vous leur donnez avec excès. D'ailleurs, s'il leur arrive d'avoir trois ou quatre femmes et des concubines dont ils aient eu des enfants, ils sont les époux de toutes leurs femmes et les pères de tous leurs enfants, en sorte que chez eux, comme dans la nature, il n'est point d'enfant sans père. Ils commencent à se faire au théâtre, à la langue, à la littérature et à la philosophie, aux arts et à l'industrie de l'Occident; et quand, au sujet de cette dernière, vous les accusez, Moscovites, de n'en prendre que ce qu'il leur en faut pour s'isoler, se mettre en garde et plus tard en agression contre l'Europe, c'est que vous les jugez d'après vous-mêmes, c'est que, les tczars ayant ainsi fait et continuant ainsi de faire, vous redoutez que les sultans ne retournent bientôt contre vous la science que les occidentaux leur apportent. Enfin, pour tout dire en un mot, s'ils vous appellent *ghiaours*, comme vous les appelez mécréants, ce n'est pas qu'ils vous tiennent pour des *chiens*, car les chiens ils les aiment, c'est qu'ils vous prennent pour des *Guèbres*, des adorateurs du feu, ce qu'était le Perse Manès, ce chef des Manichéens, lesquels se flattaient d'être les inventeurs de la religion chrétienne.

Lorsque la vérité fait ainsi entendre le langage de la justice et du bon sens au moment où des masses d'hommes s'entrégorgent déjà pour le caprice du tczar, pour une velléité de son ambition, qu'il s'en veut de n'avoir pas su assez bien dis-dissimuler je te le promets, sultan, l'Europe ne pourra rester plus longtemps indécise et indifférente sans voir son indécision et son indifférence se retourner fatalement contre elle-même; et l'heure étant venue pour elle de décider où est le droit et de le soutenir où il est, je m'estimerai cent fois heureux si ma parole de vérité, qui n'est pas un écho de l'arbitraire, mais la trompette de la justice annonçant aux hommes la réalité du fait qui tient tout l'Orient debout, peut montrer à tout l'Occident que le droit est dans ton camp et la justice sous ta tente.

# RÉPONSE

# A L'ANONYME.

---

Aujourd'hui que les complications survenues en Orient sont parvenues à un suprême degré d'exaltation dû aux exigences du tczar et à l'arrogance de son envoyé, il sera peut-être permis à un observateur impartial et désintéressé d'exposer au bon sens public les faits dans toute leur vérité, de ramener la question à ses termes et de la circonscrire dans ses limites, afin que ceux qui se trouvent placés dans un faux jour par le ton fallacieux, les tournures obséquieuses et la politique hautaine de la diplomatie moscovite, mieux éclairés sur le vrai et le faux, soient en état de juger sainement et d'eux-mêmes lequel à tort ou raison du tczar ou du sultan.

Pour quiconque a suivi de près les phases de cette crise et les motifs qui l'ont produite, le langage des journaux a été pour le tczar celui de la vérité, faisant une telle justice de ses mensonges qu'il a dû s'affliger de voir ses intrigues mises a nu, et que, dans sa stupeur, voyant tout tourner autour de lui, il accuse l'Europe de vertige, quand c'est lui au contraire qui en est frappé. Son exigence, les motifs sur lesquels il l'appuie, les formes dont il l'entoure, les ultimatum et les circulaires dont il fait son plaidoyer, toutes ces choses et tous ces faits ne sont assurément que les symptômes de cette caducité prématurée dont se sent naturellement atteint tout peuple, comme tout homme, qui fait excès de puissance et abuse de lui-même avant l'âge.

En vain le tczar voudrait-il donner le change sur la nature de ses intentions, le bon sens public, qui ne se paie point de sophismes, va la connaître et pourra juger. D'abord, personne n'ignore que la longanimité, la bienveillance du tczar pour la Turkie et sa sollicitude pour les raïas de la Porte signifient : entêtement dans le parti pris d'absorber la Turkie en s'emparant du siége de Photius pour en faire celui de la papaute orientale. Ce n'est donc pas à tort que les journaux se sont imposé la tâche de révéler l'ambition et les tendances envahissantes de la Russie, plus fatales à l'Europe qu'une nouvelle invasion de barbares, car le tczar, qui préside avec tant d'autorité et de despotisme aux chanceuses destinées de son empire, a donné à l'Europe de tels exemples de loyauté et de modération que le public européen ne saurait trop se mettre en garde contre ses moindres actes, contre sa diplomatie belligérente, contre ses conquêtes diplomatiques, contre ses intentions si pures, si paisibles, si civilisatrices qu'elles paraissent par le talent qu'il a de les présenter telles ; car sa diplomatie ne consiste qu'à diviser pour conquérir sans bataille, et ses guerres n'ont d'autre but que de conquérir pour arriver à dominer sans diplomatie. Que l'Europe donc y prenne garde! je ne suis pas homme à imagination vive, je ne suis point idéologue, je n'habille pas des idées russes, des rêves moscovites pour en composer des faits osmanlis, des réalités musulmanes; je ne suis qu'un homme du plus gros bon sens; je vois et comprends, et quand j'ai vu et compris ainsi les faits tels qu'ils sont, mon intelligence les pèse et mon gros bon sens les juge.

Voilà, certes, plus de motifs qu'il n'en faut pour justifier la répulsion des honnêtes gens pour les Moscovites et la propension des hommes de bien pour les Osmanlis; mais allons plus loin; il y a bien quelque part un vaste territoire appelé *Russie*, où l'on rencontre beaucoup de moscovites, mais peu d'hommes. Cette multitude de serfs, autrefois nomades, n'a réellement de l'homme que la forme et le nom, et de chrétien que le signe. Est-ce donc là une nation que ce ramassis de *Varègues* ou *Vandales*, Avars et Mongols, Bohémiens blancs, laisse entendre M. de Custines, qui n'ont sur les noirs que le privilége d'avoir été fixés et asservis les premiers? Et ne vaut-il pas mieux une nation d'hommes assez tolérants et s'estimant assez pour ne pas craindre de faire de leur capitale le grand caravensérail de l'occident? Non, dans l'état moral des choses de ce pays, il n'y a pas de nation russe, il y a cinquante millions de serfs organisés, colonisés, enrégimentés, knoutés par soixante mille familles de parvenus de la cuisine au salon. Dans cet état de choses, entendre un gréco-russe, un russo-bysantin s'écrier : il n'y a pas de Turkie, parce que sur vingt et un millions de musulmans trois millions seulement habitent l'Europe; autant vaut-il entendre un Algérien ou un Indien s'écrier : il n'y a point de France! il n'y a point d'Angleterre! parce que derrière les cent mille Français et le million d'Anglais clairsemés dans leur multitude, ils ne voient pas les trente-cinq et les vingt millions d'hommes qui leur prêtent appui.

Ainsi, la russie à beau dire et beau faire, il n'est pas de sophisme qui puisse prévaloir contre l'évidence des contrastes. D'une part, il n'y a pas d'habileté, de volonté, de puissance capable de donner la vie à cette aglomération de serfs moscovites appelée peuple russe, autrement qu'en la faisant homme, en lui donnant la liberté; d'autre part, la bienveillance de l'Europe a tout à espérer de la régénération d'une nation remarquable entre toutes par sa fidélité au serment, son dévouement à l'amitié, son hospitalité envers tous les hommes, sa charité pour les malheureux, sa compassion pour les animaux et son principe égalitaire. Laissons donc le néant planer sur la Russie, laissons ce colosse s'ébranler et se disloquer de lui-même, puisqu'il le veut, et au lieu de parer à sa chnte, hâtons-là plutôt, dans l'espoir d'un meilleur avenir pour ses peuples, qui ont aussi le droit de vivre de la vie des peuples policés.

Il faut donc le reconnaître, dans cette question d'Orient sur laquelle le tczar trompe l'opinion, la presse a été généralement riche de vérités et féconde en preuves. En vain quelques feuilles sèches, continuant la philosophie du dernier siècle, ont-elles préconisé la force numérique, la jeunesse vigoureuse des moscovites, il a suffi de livrer à l'appréciation du public le testament de Pierre Ier, les arrières pensées de ses diplomates, les ultimatum du prince Mentchikoff et les circulaires du comte de Nesselrode pour prouver à l'Europe par ces actes authentiques de tendances envahissantes, de grossière insolence, de sophismes impudents, d'ostentation roturière, de subtilités bysantines, que la Russie s'est fait une fausse idée de la civilisation, qu'elle n'en a pas même le sentiment, et qu'en faisant reposer toute la force dans le nombre et la ruse, elle tombera fatalement sous le poids de la vérité et se décomposera au souffle de l'esprit qui la doit raviver.

Il n'est pas étonnant que le tczar, blessé de ces vérités, ne s'en plaigne et ne se récrie contre les journaux; ce qui l'est, c'est que l'Europe semble avoir des yeux pour ne pas voir et des oreilles pour ne pas entendre ; c'est qu'elle est si pleine de ménagements pour le tczar qu'elle ne comprend pas que la bienveillance passe chez lui pour de la peur. Qu'attend-elle donc pour se décider? la vérité peut-être? Eh bien! en la lui exposant, je la montrerai au tczar lui-même, libre qu'il est de lui dire qu'elle ment. C'est un sophisme dont je ne le crois pas incapable, car, que de sophismes et de mensonges le tczar ne débite-t-il pas à propos de sa demande de garantie pour l'église orthodoxe d'Orient? n'affirme-t-il pas qu'elle ne porte aucune atteinte à l'indépendance du sultan, qu'il ne fait en cela que ce que fait la France, et pour se donner raison ne s'appuie-t-il pas sur un protocole du 3 février 1840, relatif aux affaires de Grèce, et par lequel la France, en possession d'exercer en faveur des catholiques soumis au sultan un patronage spécial, s'en dessaisit en faveur du futur souverain des Hellènes. Est-ce donc là une raison quand, pour hâter le moment de s'en débarrasser également en faveur de la Turkie, la France active cette puissance dans la voie du progrès, auquel les prétentions du tzar ne font qu'apporter des entraves? D'ailleurs, faut-il tant de bon sens pour comprendre la différence du patronage de la France, sur une poignée de sujets musulmans convertis de longue date au christianisme, et le protectorat du tczar, s'étendant à tous les rayas sujets du sultan? Assurément cette différence est telle qu'il ne faut que du sang-froid et de la modération pour la saisir; mais la modération est une vertu que le tczar n'entend pas; ses conquêtes le prouvent assez; et faute de modération, elle a méconnu son droit. Son droit, en Turkie, est celui de la France. il est celui de l'Autriche, il est celui de tous les états dont le zèle clérical fait des adeptes; car, ainsi que tout chrétien qui embrasse l'islamisme s'abrite sous l'étendard du prophète, tout musulman qui embrasse le christianisme est abrité sous le drapeau du clergé qui l'a converti. Le tczar n'ignore rien de toute ces choses; mais il préfère abuser l'Europe sur leur véritable but, car en paraissant ne réclamer que ce que possède la France, c'est tout autre chose qu'il revendique, c'est un droit tel que, s'il lui était jamais concédé, la Turkie n'aurait pas dix ans à vivre, et que les occidentaux seraient à jamais bannis de l'Orient.

Quant à l'ingérance de la France dans l'élection des évêques maronites du Liban, ignore-t-il donc que ces peuplades sont *franques* et qu'en les protégeant c'est son sang que protége la France. Pourquoi donc se plaint-il de cette ingérance? Ne sait-il pas que si les Maronites sont vassaux, soumis et tributaires, ils ne sont cependant pas plus rayas, c'est-à-dire subjugués, que les Roumains des principautés du Danube. Mais à propos des Roumains, sur quel droit, s'il vous plaît, repose l'ingérance du tczar dans l'élection de leurs métropolitains, dans le choix de leurs évêques? Sur ce que les traités l'ont fait le garant des droits de l'orthodoxie dans ces provinces. Mais s'ensuit-il qu'il doive peser sur leur clergé ou le dominer? Nullement; sa garantie n'est réclamée et admise que pour le protéger en cas de lésion de ses droits. Or, ces droits, c'est lui-même qui les viole en s'ingérant dans son administration intérieure. Il y a donc entre le patronage de la

France et le protectorat que revendique la Russie cette différence que l'un s'exerce sur soixante mille familles, dont les évêques ne sont, pour la plupart, ni indigènes, ni vassaux, ni corps constitué de la Turkie, tandis que l'autre s'exercerait sur des fidèles dont les évêques sont, comme eux, indigènes, sujets et vassaux de la Porte et formant un corps dans l'État.

Pourquoi donc, quand on sait toutes ces choses, se tant récrier sur ce que les églises, les hospices, les écoles françaises jouissent en Turkie du droit exterritorial et sur ce que les clercs et laïques latins y sont exempts de contributions? Et pourquoi, quand on se récrie ainsi, taire furtivement que églises, hospices, écoles, clercs et laïques russes jouissent exactement des mêmes priviléges? C'est que, née d'hier, à peine sortie de la barbarie et sans œuvres, la Russie, jalousant la France, féconde depuis quatorze siècles en institutions, et ne sachant rien fonder qui soit doué de l'esprit de vie, ne serait pas fâchée de se faire porter sur les aîles de onze millions de ses coréligionnaires à la conquête de Stamboul.

Si ces quelques mots, ô tzcar! ne suffisent pas pour détruire toutes les banalités récriminatoires de ta diplomatie sur les établissements français de charité, écoute donc : Un principe est un principe, bon ou mauvais, là, partout ; il l'était hier, il l'est aujourd'hui, il le sera demain ; autrement il n'est qu'un accident, ce qui, je le sais, n'est que trop fréquent dans ton Empire. Mais ton Empire n'est pas du monde, il est hors du monde, entre l'Europe et l'Asie, ou, comme disaient un peu crûment nos pères, *le cul entre deux bateaux*, qu'importe. Un principe est un principe. Or, en principe, chacun est maître chez soi, moi comme le tczar, et Babouine comme le sultan. Or, que dirait le tczar si le sultan lui revendiquait un protectorat religieux sur les Tartares de Crimée errants et campés dans la Russie méridionale? Babouine rirait, n'est-ce pas? Eh bien, je ris aussi de cette outrecuidance du tczar qui se croit permis ce qu'il ne croit pas permis au sultan; j'en ris, et pourtant je la lui pardonne, parce que ce principe sur lequel je m'appuie n'étant chez lui qu'un paradoxe, il ignorait jusqu'aujourd'hui qu'il fût réellement un axiôme. Mais si je la lui pardonne aujourd'hui, je ne la lui pardonnerai pas demain, car d'aujourd'hui il sait.

En vain donc, s'efforce-t-il d'étouffer le germe qui, dans un avenir prochain, doit produire le plus beau fruit moral que la politique puisse enfanter, je veux dire l'union de l'Orient et de l'Occident, du christianisme et de l'islamisme, de l'orthodoxie et du catholicisme, dans une même foi à la vérité de la science qui fait la morale des hommes et à la science de cette vérité qui fait la religion de Dieu. En vain veut-il égarer l'opinion et troubler le monde, quand, au lieu d'aider la Turkie à entrer d'un pas ferme dans le droit international de l'Europe, il prétend que l'on n'y peut rien faire que ce qui est en rapport avec son état politique, religieux, administratif, commercial, géographique et historique. Qu'il soit sans crainte, ce ne sont pas les écoles de charité qui parviendront à réunir l'Orient à l'Occident, c'est la grande politique européenne, ce sont les arts, l'industrie, le commerce, les chemins de fer, les bateaux à vapeur, qui sauront inspirer à la Porte, dans l'intérêt de tous, un plan d'éducation tel que, sans s'écarter de l'esprit du Coran, sans se détacher de l'esprit de l'Évangile, musulmans et chrétiens verront bientôt leurs préjugés et leur haine se changer en justice et en bienveillance.

Jusque-là, j'essaierai de tranquilliser les âmes pusillanimes que le tczar s'efforce d'effrayer en niant ce qu'il affirme. Non, la foi des Grecs n'est pas plus livrée à la merci des Turks que la foi des Latins; et elle est moins en danger en Turkie que ne l'est en Russie celle des catholiques; ce n'est pas la foi des Grecs qui est à la merci des Turks, ce sont leurs intérêts qui sont à la merci des évêques; ce n'est pas la foi des Grecs qui est en danger en Turkie, c'est leur contribution qui y est en proie à la simonie des abbés et des hauts prélats. Ce n'est donc pas moins le croyant qui souffre et se tait que le raya qui souffre et murmure qu'il faut plaindre; ce n'est donc pas moins le clergé orthodoxe que l'administration musulmane qui a besoin d'une réforme, double réforme qui peut et doit s'opérer sans le tczar, malgré le tczar et tout à fait en dehors de son influence.

Il faut donc en convenir, les démarches du tczar en faveur de l'Église de Constantinople, dont il ne reconnaît point la suprématie, est une œuvre exclusivement politique, si peu propre à mériter les sympathies d'aucune communauté chrétienne, que l'Église de Constantinople elle-même a jugé prudent de les récuser; car s'il plaît au tczar de le taire ou de le nier, je le répète et l'affirme encore : en feignant de jalouser la France en Orient, c'est le pape que le tczar y jalouse, oui, le pape; car tout ce qu'ambitionne le grand métropolitain de la Russie, c'est de se faire, contrairement aux principes fondamentaux de l'orthodoxie orientale, le pape de toute la chrétienté du rite grec, afin de renouveler contre l'Occident les rôles funestes des Urbain, des Innocent, des Grégoire en Orient, et de réagir par représailles sur les catholiques, comme ils ont, en de tristes jours, agi sur les orthodoxes.

Je ne nie point cependant que, sinon la foi, du moins le culte des Grecs ne soit à la gêne en Turkie; mais je nie que la réforme y ait été plus fatale à leur Église que n'auraient pu l'être les persécutions. Je dis plus, je dis que ces persécutions, le tczar les désire et les fomente pour en faire le prétexte plausible de son ingérance dans les affaires de cette Église; et j'ajoute que si depuis 1840 les réformes de la Turkie ont été vaines, c'est à l'opposition du tczar qu'elles le doivent et que la cause de cette opposition est précisément la crainte de voir s'établir en Turkie un ordre tel que les rayas grecs, dotés de franchises auxquelles les serfs moscovites ne pourront jamais atteindre, sans massacre, n'aient plus sujet à fonder aucun espoir en lui et à se faire les instruments de ses conquêtes.

Si je sais ce qu'est un raya, je sais aussi ce qu'est un serf, et les plains tous deux; mais je dis : le raya, homme du peuple, est un vaincu privé de tout droit politique et civil vis-à-vis du vainqueur, mais dont le vainqueur ne peut disposer comme d'une chose; le serf, mâle ou femelle, est un animal humain dont on dispose comme d'une bête. Le raya peut se retrancher dans sa foi; s'il n'a pas de chef civil, il a du moins un pasteur spirituel qui, tant bien que mal, y supplée; mais le serf, il n'a où poser ni le pied ni la tête. Sous quelque justice qu'il tombe, partout il est de bonne prise. Sans doute le tczar a raison de faire grand bruit des vingt mille femmes grecques prises et vendues dans la guerre d'insurrection de la Grèce de 1821 à 1829, car ce sont de ces infortunes qui soulèvent le cœur de l'homme le moins compâtissant; mais quel tapage ne serais-je pas en raison de faire en faveur de ses prisonniers envers lesquels il est cent fois plus inhumain, car s'il ne les vend pas, il les perd, ce qui est pire, dans les déserts et les mines du désert; si bien que ne sachant plus où ils sont, ils sont sans espoir de salut; tandis que chez les Osmanlis les prisonniers ont du moins l'espoir de pouvoir se racheter. Nous ne savons que trop, nous Français, à quoi nous en tenir sur la philantropie de ce système moscovite qui ne vend pas, parce qu'il colonise, mais qui parque et débarque à son gré ses serfs et les juifs, qui laisse à ceux-ci le soin de bâtir des villages, et qui, le travail fait, les en chasse et les envoie bâtir ailleurs. Dites, n'y a-t-il pas là quelque chose de ce que l'on reproche aux Pharaons, à ces constructeurs maudits des Pyramides ?

Si pour le gouvernement du sultan, pour les pachas, les chefs de fiefs militaires, la vie du raya et son travail ne sont qu'une question de revenus, une question purement fiscale, pour le gouvernement du tczar, pour les grands boyards, pour les gouverneurs de provinces, la vie et le travail du serf sont-ils donc une question d'une autre nature ? Du moins, je vous l'ai dit, le raya s'abrite sous la croix de son pasteur, tandis que le serf succombe sous le knout du chef de police. C'est pourquoi j'affirme : de même que la décadence de la Turkie et l'avènement de la Russie date de ce jour de 1711, où, séduit par Catherine, Mustapha-Pacha, qui le pouvait, n'a pas voulu jeter le tczar dans le Pruth ; la décadence de la Russie et l'avènement de la Turkie date de ce jour de 1853, où, poussé par Nesselrode, le prince Mentchikoff, qui le voulait, n'a pas osé jeter le sultan dans le Bosphore.

Maintenant, quant à la cause de la régénération elle n'est nullement où le tczar la met, dans le mépris et l'oisiveté des vainqueurs et dans le labeur et la haine des vaincus ; elle est dans les trois grands principes de toute nationalité, la langue, les mœurs et la foi. Or, les sultans, en les conservant aux Grecs, aux Bulgares, aux Bosniaques, aux Monténégrins, aux Serviens, se sont montrés en cela plus humains, plus chrétiens même que les tczars qui en ont dépouillé et qui en dépouillent encore tous les jours les Finlandais, les Lithuaniens, les Polonais, les Bessarabiens, les Cosaques et les Tartares, et l'on sait comment ; que si les Turks ont prohibé aux chrétiens l'érection d'églises et l'usage des cloches, jamais du moins ils ne les ont empêchés de s'appeler de leur nom, de parler leur langue et de prier leur Dieu ; la preuve, le tczar la donne lui-même, c'est que, quand instruit par l'expérience, que, pas plus qu'un homme, une nation ne peut vivre ni de souvenirs, ni d'orgueil, ni d'oisiveté, ni d'anarchie, ni de despotisme, le sultan Mahmoud entreprit de régénérer ses peuples, un de ses premiers soins fut de contribuer pour une somme de 150,000 francs aux réparations des pertes du Saint-Sépulcre et d'autoriser à la fois l'érection d'un hospice grecque et la construction de la belle église de Baloukly ; c'est que, pour se livrer plus à son aise à l'exécution de ses grands desseins, à l'instar de Pierre Ier qui fit massacrer ses quarante mille strélitz, il débarrassa l'empire des cent mille janissaires qui le gênaient.

Malheureusement, la guerre de la Grèce et celle de la Russie l'entravèrent et la mort l'arrêta au milieu de ses réformes ; mais, depuis, le sultan Abdul-Medjid est là qui les continue avec un succès qui désespère le tczar et le rend fou. En effet, quand en 1846 il rendait par édit l'instruction publique et obligatoire, avec ordre aux patrons de laisser à leurs apprentis le temps de fréquenter l'école, que faisait le tczar en Valaquie ? il ordonnait à M. Bibesco, qui s'y prêtaient de grand cœur, de fermer toutes les écoles des villages fondées par Alexandre Ghyka, et plus tard il intimait à M. Stirbey, le plus dévoué de ses serviteurs, l'ordre de les tenir fermées.

Certes, à cette différence de conduite, au zèle du sultan Abdul-Medjid, au sentiment qui le guide, l'Angleterre et la

France ont déjà plus d'une fois regretté leur victoire de Navarin; mais comme il y a mieux à faire qu'à se consumer en regrets, et pour s'en éviter de nouveaux, l'Angleterre et la France sont décidées à dénier à l'avenir leur foi à toute parole insidieuse et leur assentiment à toute insinuation du tczar.

Assurément on ne peut nier que, grâce à l'appui moral de l'Europe, de la France en particulier, le tczar n'ait été victorieux en 1829, mais l'on sait aussi ce que, privé de sa marine et de ses janissaires, et sans autres soldats que de jeunes recrues, le sultan Mahmoud lui a fait payer sa victoire. L'on connaît la modération diplomatique du tczar, l'on sait qu'il ne veut pas de ces brusques conquêtes qui inquiètent, qu'il préfère aller à pas de loup, ravir un droit aujourd'hui, un autre demain, jusqu'a ce que, les possédant tous, il ne lui faille plus qu'un peu de logique pour faire comprendre qu'il ne conquiert pas, mais qu'il entre simplement en possession d'un bien à lui appartenant. C'est ainsi que dans les principautés il est allé du droit de garantie au droit d'ingérance, et de celui-ci au droit d'autonomie; c'est ainsi qu'il en a agi avec la Crimée; c'est ainsi qu'il est en train d'en agir avec les tribus caucasiennes depuis qu'il aamené le sultan Mahmoud à renoncer sur elles à son droit de suzeraineté. Il est vrai qu'en retour, il concède à son fils, le sultan Abdul-Medjid, de faire chez lui la police du commerce, pour rendre efficace le droit de patente, et que, pour mieux faire sonner le mérite de cette concession, il reproche ironiquement à la France et à l'Angleterre de ne l'avoir pas imité; mais ce qui est simple et facile de serfs à rayas l'est moins d'hommes libres à hommes libres, de Turks à Anglo-Français, et à cette considération la France et l'Angleterre ont à sauvegarder des intérêts moraux que la Russie n'a pas.

En vain encore, le tczar se fait-il un mérite d'avoir fait évacuer les principautés en 1834, après quatre ans de séjour, tout le monde sait qu'il y aurait volontiers laissé ses armées sans les réclamations réitérées de l'Angleterre. En vain s'en fait-il un plus grand encore de cet inique règlement qu'il leur a imposé au lieu et place de celui qu'élaborait dans un sens national le prince G. Ghyka ; l'Europe est témoin que pour lui en manifester sa reconnaissance, les Valaques en ont fait, en 1848, un auto-da-fé. En vain, enfin, se flatte-t-il de ses offres de secours au sultan contre Ibraïm-Pacha, quand celui-ci marchait sur Constantinople; tout le monde sait qu'il préférait avoir affaire à un sultan vaincu qu'à un pacha vainqueur, qui, une fois maître de la capitale, s'emparait de l'Empire, le menait à la façon dont son père menait l'Egypte, et y fondait une puissance militaire telle que les intrigues de la Russie se seraient brisées à ses portes.

Grâce à Dieu! ce qu'eût pu faire Ibraïm avec tout le despotisme d'un usurpateur, le sultan Abdul-Medjid l'exécute avec toute la modération d'un souverain légitime. S'il a promis, à son avénement, d'observer la loi, de réprimer les abus, de donner aux populations l'égalité devant la loi ; si, pour accomplir le vœu de son père, il ne veut plus reconnaître d'autre différence entre ses sujets qu'à la mosquée, à l'église, à la synagogue, chaque jour prouve qu'il s'efforce de tenir parole. Que si donc l'acte de Gulhané n'a pas encore porté son fruit, c'est d'abord qu'il faut du temps ; c'est ensuite, je l'ai dit, que le tczar, qui n'a qu'à y perdre, le dénigre, le discrédite tantôt comme un acte de rébellion de ministres infidèles contre l'arbitraire de leur souverain, tantôt comme une lettre morte, vide de l'esprit de vie et dont les chrétiens n'ont rien à attendre ; tantôt comme inapplicable, n'ayant ni à qui ni à quoi s'appliquer, attendu, dit-il, qu'en Turkie comme en Russie, s'il y a un souverain il n'y a pas de nation; qu'en Turkie comme en Russie, s'il y a une race abâtardie issue de conquérants et d'apostats, il n'y a là, comme ici, que des rayas conquis et des serfs subjugués, des vaincus vivant d'abjection et de haine, mais de nation point.

Sans nier ce qu'il peut y avoir de réel dans ce rapprochement, je ferai remarquer que le tczar est étranger aux Moscovites, qu'il mène à l'aide des Allemands, tandis que le sultan est du sang des Osmanlis, qui l'aident à mener les autres races. C'est pourquoi, ainsi que le dit fort bien le tczar, le règne d'Abdul-Medjid est une époque de réparation. En effet, il n'alimente ni l'orgueil des vainqueurs ni la peur des vaincus, mais, au contraire, il tend à les effacer; il tend à ramener les uns à la modération et les autres à la dignité; il tend à les réunir dans un même sentiment d'estime mutuelle et de bienveillance réciproque. Mais parce que tout ceci le dépite et le contrarie, il s'unit au vieux parti de la réaction pour y mettre obstacle, et quand il a échoué, il fait retomber ses intrigues sur ce parti et lui impute à crime d'avoir cédé à son influence. Entre nous, cependant, de quoi se plaint-il? De ce qu'il y a en Turkie, comme en Russie, un parti de vieux Moscovites résistant à toute tentative de réformes, regrettant l'heureux temps des Ivan, et boudant encore Pierre Ier à Moscou? Quoi donc! s'il sait laisser ces vieux boyards végéter à part dans la nullité de leurs préjugés asiatiques, pour faire avec les Allemands de la Baltique et les étrangers ce qu'il eût préféré faire avec eux, pourquoi ne veut-il pas que le sultan, laissant de côté les rétrogrades, exécute ses réformes à l'aide des hommes de bonne volonté, qui, certes, ne lui feront pas défaut.

Qu'il se plaigne donc maintenant de ce que tant de choses, comme en Russie, ne sont encore en Turkie que sur le papier; qu'il se plaigne de ce que l'acte de Gulhané n'a pas encore aboli la vente aux enchères de la perception des impôts, lui, chez qui l'impôt est dévoré d'avance par les employés de tous rangs et de tous grades, par les colonels de régiment comme par les gouverneurs de provinces. Est-ce donc la peine de répondre à ses récriminations sur le compte de l'ex-grand-visir, sur l'énormité de ses émoluments, sur ses dettes, son faste, ses sept cents chevaux, ses sept cents serviteurs? Assurément non; car, justes ou injustes, elles ne s'adressent pas moins aux Voronzoff, aux Nesselrode, aux Mentchikoff, à tous ses gouverneurs, qui font leur luxe de tous les chevaux, de tous les hommes et de tout le bétail de leurs juridictions.

Permis au tczar, en sa qualité de gentilhomme holsténois, de se plaindre que le sultan, à l'instar de Louis XI, ait fait justice de la turbulence et de l'immoralité des grands feudataires ou *derebey* de l'empire; mais lui sied-il à lui, qui sait mieux que moi que l'impératrice Catherine était une vivandière, le premier des Mentchikof un marmiton, et toute sa nouvelle noblesse le produit du limon mougical, lui sied-il, dis-je, de trouver à redire de ce qu'en Turkie des esclaves parviennent aux premières dignités de l'empire; et que, la noblesse héréditaire étant incompatible avec le Coran, les fils des pachas n'héritent ni des droits ni des titres de leurs pères? lui sied-il de se plaindre de la modique rétribution des domestiques osmanlis, traités d'ailleurs, non-seulement avec humanité, mais avec soins et égards, lui, chez qui les nobles, servis par des serfs, n'ont à les payer que de mauvais traitements? lui sied-il de rappeler que sous l'ancien régime le gouvernement ne payait pas d'émoluments à ses employés, la charge faisant vivre, lui, qui à l'intérieur paye si peu les siens, que, sortis du service, ruinés de leur fait ou sans retraite suffisante, plus d'un de ses officiers ne doivent qu'aux décorations qui les couvrent l'aumône dont on les gratifie ?

Qu'il convienne donc que l'immoralité est poussée chez les siens jusqu'à un trop haut cynisme, pour qu'il lui soit permis de faire la morale aux autres; qu'il prenne donc un peu moins en pitié les rayas du sultan et un peu plus en commisération ses propres serfs, et qu'il sache qu'il n'est pas un Européen qui ne préfère les porte-pipes dont les riches font en Turkie leur cortége, aux porte-knouts dont les fonctionnaires font en Russie leur état-major; qu'il sache aussi que l'on ne se lève pas de dessus un tapis ou un divan comme d'un fauteuil ou d'un canapé, et qu'il comprenne que ce n'est pas l'orgueil, mais la nature qui empêche les osmanlis, comme tous les Orientaux, de se lever, non-seulement devant les Européens, mais devant aucun des leurs, à moins qu'il ne soit revêtu d'un haut caractère commandant le respect. Mais laissons ces vétilles, et, puisque le tczar le veut, revenons à ses démarches au sujet des Lieux-Saints. D'abord qu'il soit bien persuadé que la France n'est pas tellement préoccupée à l'intérieur et que, non plus que l'Angleterre, elle n'est assez niaise pour n'avoir pu enfin en apprécier la tendance, le but et le résultat. Elle n'ignore pas que le mobile de tous ses actes est le zèle du sultan Abdul-Medjid pour les réformes, que ce sont ces réformes elles-mêmes; car ce zèle et ces réformes, loin de paralyser l'action conservatrice de l'Eglise d'Orient, auront bientôt rattaché, au contraire, par le lien de l'égalité devant la loi toutes les nationalités dont la désunion faisait sa force; car bientôt cette égalité de droit aura annihilé ses projets ambitieux sur la Turkie. Libre à lui, chrétien, de rappeler les persécutions des musulmans contre ses coréligionnaires, les massacres d'Alep, le pillage des églises par la guerre, il en a le droit; mais, chrétien aussi, j'ai aussi le droit de lui rappeler ses persécutions sourdes et ouvertes religieuses et politiques contre les Grecs-unis et contre les Polonais, que, Allemand, il traite à la moscovite. Qu'il mette pour leurs faits les Turks au ban de la chrétienté, je mets pour les leurs les Russes au ban de l'humanité; et, d'ailleurs, quelle grâce a-t-il à se plaindre de la destitution des patriarches et des évêques, lui qui se gêne si peu avec ceux des Principautés, qu'en 1828 il chassait de son siége et exilait en Russie Grégoire, métropolitain de Vallaquie.

Mais l'espace me manque pour développer le système complet d'oppression à la fois violent et perfide au moyen duquel le tczar, exploitant la faiblesse des races diverses et la diversité de croyances de ces races, se sert tour à tour des Polonais contre les Circassiens, des Cosaques contre les Polonais, des Tartares contre les Moscovites, des Allemands contre tous, pour tuer la foi en tuant l'homme et la liberté en tuant la foi.

Eh quoi ! le tczar trouve que le sultan lèse l'église grecque et l'avilit parce qu'il assigne un traitement fixe à l'archevêque de Vidin; mais à ce compte la France avilirait le clergé protestant et le clergé juif parce qu'il les rétribue à l'instar du clergé catholique; et pourtant je ne sache pas qu'en cela les honnêtes gens de ces cultes se tiennent le moins du monde pour avilis. En vérité, ce langage est celui de la démence, il fait du bien le mal et du mal le bien. Mais malgré le faux jour sous lequel, au point de vue ambitieux du tczar, il peint les réformes de la Turkie, ces réformes s'accompliront avec le temps ; et afin que les clergés divers ne soient plus exposés à la tentation des iniquités, afin de détruire les abus des bénéfices et des dignités ecclésiastiques qui se vendent et s'achètent, afin que l'abbé, l'évêque, le métropolitain et le patriarche lui-même n'aient plus ni à acheter ni à vendre abbaye, évêché, métropole et patriarchat, tous les cultes y seront rétribués par l'Etat, jusqu'au jour où ils ne devront plus l'être que par leurs croyants respectifs.

Si donc le tczar ne se propose que de mettre un terme aux abus, ce n'est pas la haute main sur le clergé grec de Turkie qu'il doit réclamer, c'est de la simonie cléricale qu'il doit se plaindre; c'est cette simonie, source d'iniquités envers les rayas justiciables du clergé, qu'il doit dénoncer à la Porte. Ce n'est pas l'inamovibilité des patriarches qu'il doit soutenir, c'est leur infidélité à leur suzerain qu'il doit blâmer, au lieu de la solliciter, de l'encourager et de la défendre; ce n'est pas de clabauder contre le clergé latin de Turkie, c'est de donner au clergé grec de Russie assez d'instruction et de lui inspirer assez de zèle pour porter la foi où bon lui semble; ce n'est pas de vanter, comme en effet elle le mérite, la tolérance des orthodoxes de Turkie, c'est de ne pas se faire l'incarnation de l'intolérance des orthodoxes de Russie; ce n'est pas de crier à la persécution, c'est de renoncer à sa propagande orthodoxo-politique qui seule, peut la causer; ce n'est pas de se proclamer du haut des toits le plus intéressé au maintien de l'empire Ottoman, c'est de ne pas le guerroyer tous les dix ans; ce n'est pas d'insulter à la faiblesse du Sultan par des paroles offensantes, des actes injurieux, des attaques continues et des chicanes éternelles, c'est, dans son incompétence, de laisser la France et l'Angleterre aider le sultan à accomplir l'acte de Gulhané, afin qu'en en voyant le résultat, il puisse le prendre pour modèle et l'appliquer un jour à ses serfs devenus libres ; ce n'est pas de s'imposer quand même à la Porte pour lui imposer sa forme administrative et son organisation militaire, c'est, de concert avec les grandes puissances, de l'appuyer sincèrement de ses bons conseils, de lui montrer la vérité et de l'encourager par des procédés bienveillants : ce n'est pas de lui rappeler sa vieille histoire, moins barbare en tous cas et plus glorieuse que celle de Moscovie, c'est de l'intéresser au présent et de lui montrer l'avenir heureux qu'il prépare ; ce n'est pas de se vanter de son passage des Alpes à la faveur de l'Autriche, à elle qui seule et contre tous a fait deux fois sauter ses armées d'audelà des balkans à Vienne, c'est de lui parler paix, union, concorde et de lui en donner l'exemple ; c'est d'amener ainsi musulmans et chrétiens à ne se plus regarder de travers, à ne se plus appeler ni guèbres ou ghiaours, ni mécréants, ni infidèles, c'est de lui bien faire entendre que nous sommes tous des hommes, c'est de lui bien faire comprendre que nous sommes tous des frères, c'est enfin de marier saintement et sans sacrilége la croix et le croissant, comme le sont dans les cieux le soleil et la lune dont Dieu éclaire les hommes et le jour et la nuit.

Mais je m'arrête, car je crains de parler en vain ; il n'y a rien à faire avec un homme qui a son parti pris. Le tczar ne veut pas ce qu'il peut, le tczar veut ce qu'il ne peut pas. Eh bien ! soit ! il n'ira pas à Constantinople, et il regorgera plus qu'il ne lui sera cédé ; car l'Europe n'entend pas qu'il exerce sur le sultan cette influence qu'il dit légitime et salutaire, mais qu'elle tient, elle, pour illégitime et néfaste, attendu que jamais la paix du monde n'a été si souvent troublée que depuis les rapports des tczars avec la turkie ; et cela parce que le fond bysantin du caractère moscovite a fait dégénérer en art de sophismes la science des diplômes, contrats des nations, et que, grâce à ses intrigues, la diplomatie n'est plus que rouerie. Je fais donc des vœux bien sincères pour que, revenu des préventions qui les aveuglent, le tczar et les siens comprennent qu'en tant que chrétiens, ils sont relativement, en morale et en intelligence, bien plus inférieurs au reste de l'Europe que ne le sont les Osmanlis dans l'état même où ils se trouvent; car ceux-ci, Sunites, n'agissent pas avec les persans d'Omar, comme orthodoxes, les Moscovites agissent avec les catholiques. D'ailleurs, habiles et industrieux, les Osmanlis auront bientôt mis leurs fabriques d'armes de Damas, de soierie de Brousse et de tapis de Smyrne au-dessus des fabriques de cuir et de laiton des boyars. Ainsi, persécuteur et despote au-dedans, révolutionnaire et démagogue au-dehors, le tczar salue tout mal qui lui va et flétrit tout bien qui lui nuit. Tandis que nos Cartouches et nos Mandrins ne nous demandent que la bourse ou la vie, plus farouches dans leurs exigences, les Moscovites demandent à leurs voisins la vie et la bourse et, ne pouvant tuer la Turkie, ils lui prennent ses provinces. Auraient-ils donc le diable au corps? J'en serais fâché; car je crois d'autant plus à la vertu du bon sens que je crois moins aux charmes de l'eau bénite; et Mandrin, si j'ai bonne mémoire, fut écartelé.

*Audite et erudimini!*

# CONCLUSION.

En vain le tczar flatte-t-il lord Aberdeen et lord Clarendon, derniers débris de la petite politique anglaise, et tonne-t-il, au contraire, contre les philosophes démagogues, qui ne flattent plus ses velléités ambitieuses ; en vain se perd-il en louanges sur la haute sagesse et la suprême modération du neveu de l'empereur Napoléon, en vain en appelle-t-il à genoux à ses paroles : l'Empire c'est la paix, et cherche-t-il, au contraire, à effrayer l'Europe du débordement de la démagogie, personne n'est dupe ni de ses flatteries, ni de ses récriminations, ni de ses menaces, ni de ses louanges. Le tout ressemble trop à ce langage d'Erfurth et de Tilsitt pour lequel Napoléon qualifiait de Bysantin son frère Alexandre, pour que ceux auxquels s'adressent ces sornettes y soient autrement sensibles qu'à des bouffonneries. La réponse lui a été faite : « Oui, l'Empire c'est la paix ; mais la paix de la grande politique qu'inaugure aujourd'hui l'union de la France et de l'Angleterre pour la morale et l'honneur, la liberté et la souveraineté des nations ; oui, l'Empire c'est la paix, car la paix c'est l'empire de la justice et de la concorde, de la bienveillance et de l'union, de la réciprocité et de la solidarité des hommes et des peuples ; oui, l'Empire c'est la paix ; mais la paix sans honte; autrement c'est la guerre, non pas la guerre de religion comme le tczar la veut, mais la guerre de la civilisation contre la barbarie. » Et c'est en vain qu'il compte sur la petite fusion royale et se repose sur elle du soin de nous diviser, comme elle compte elle-même sur un 1815 et se repose sur lui du soin de nous subjuguer : la grande fusion nationale de l'Angleterre et de la France mettra la petite à néant. Qu'il y prenne garde, et qu'au lieu de s'enorgueillir de sa surprise de Sinope, il fortifie autant que possible Cronstadt et Sévastopole, car la France et l'Angleterre sont bien capables de faire d'une pierre deux coups. Déjà la Suède arme ses frontières; demain tous ses vaincus seront debout. Avant la fin de 1854, il aura restitué la Finlande à la Suède, les provinces de la Baltique à l'Allemagne, la Crimée à la Turkie, la Bessarabie à la Moldavie; la Pologne sera réintégrée tout entière, les Cosaques recouvreront leur liberté, les peuples caucasiques seront constitués en état indépendant, et réduit à Moscou, à Kief, à Tobolsk et à Astrakan, il ne lui restera plus, si cela lui convient, qu'à aller troubler les déserts.

# AU SULTAN

# ABDUL-MEDJID-KAN I.

1er Décembre 1845.

Sur ce cheval superbe à la robe d'ébène,
Quel est ce cavalier qui passe et se promène,
Si simple dans sa mise et comme un soldat franc ?
Son front semble occupé des soins d'un vaste empire,
Sur ses lèvres l'on voit percer un doux sourire,
Devant lui tout se tait ; quel est son nom, son rang ?

C'est celui qui pourrait, au premier jour de fête,
Porter un manteau d'or et couronner sa tête
De plus de diamants qu'il n'en faut à vingt rois ;
Mais qui, peu soucieux d'une vaine parure,
Laisse à ses cent vassaux l'éclat de la dorure,
Et jette ses rubis à ses cent palefrois.

« Je le veux, et le ciel m'en donne l'espérance ;
« Je le veux, c'est pourquoi j'ai rappelé de France
« Mon digne ambassadeur, mon bien-aimé Réchid ;
« Vertueux musulman, sa vertu m'est un gage
« Qu'il saura s'arrêter sur le plan le plus sage,
« Sur celui d'où dépend ta gloire, Abdul-Medjid ! »

C'est ainsi qu'à lui-même il se parle en silence,
Tandis que son cheval bondit, piaffe, hennit, danse,
Ce simple cavalier, cet empereur et roi.
Mais il est déjà loin, et déjà le jour baisse ;
Ne pouvant plus des yeux le suivre, je le laisse,
Et lui crie en partant : Padichah, gloire à toi !

Gloire à toi qui te ris des fables, des mensonges,
Que de leurs cerveaux creux, de leurs nuits, de leurs songes,
Exhument contre toi d'impudents imposteurs,
Et qui, loin d'accepter leurs sottes prophéties,
N'y voyant qu'impuissance, intrigues, facéties,
En fais le cas qu'on fait des prophètes menteurs !

Non, l'empire d'Othman n'est pas près de s'éteindre ;
Il renaît au contraire, et je le vois atteindre,
Avant peu, le niveau des fortes nations.
Gloire à toi, Padichah, dont la volonté ferme
Fait éclore, mûrir, fructifier le germe
Dont ton glorieux père a semé ses sillons !

Gloire à toi ! tout va bien, tout ira mieux encore,
Car Allah qui t'envoie, a béni ton aurore,
Et te promet de longs, de beaux, de brillants jours ;
Car il est ton appui, ton orgueil, ta lumière;
Car c'est lui qui t'inspire et te guide et t'éclaire,
Car tu sais qu'avec lui l'on triomphe toujours.

Tu triompheras donc; par ma voix de poëte,
Qui des secrets d'Allah est parfois l'interprète,
Reçois-en l'assurance, et, Padichah, crois-moi !
Car si je parle ici, c'est Allah qui m'inspire :
Oui celui qui bientôt doit relever l'empire,
Mon glorieux sultan, Abdul-Medjid, c'est toi !

Imprimerie de A. GUYOT et SCRIBE, rue Neuve-des-Mathurins, 18.

www.ingramcontent.com/pod-product-compliance
Lightning Source LLC
LaVergne TN
LVHW020244230826
846091LV00006B/2230

*9782013658522*